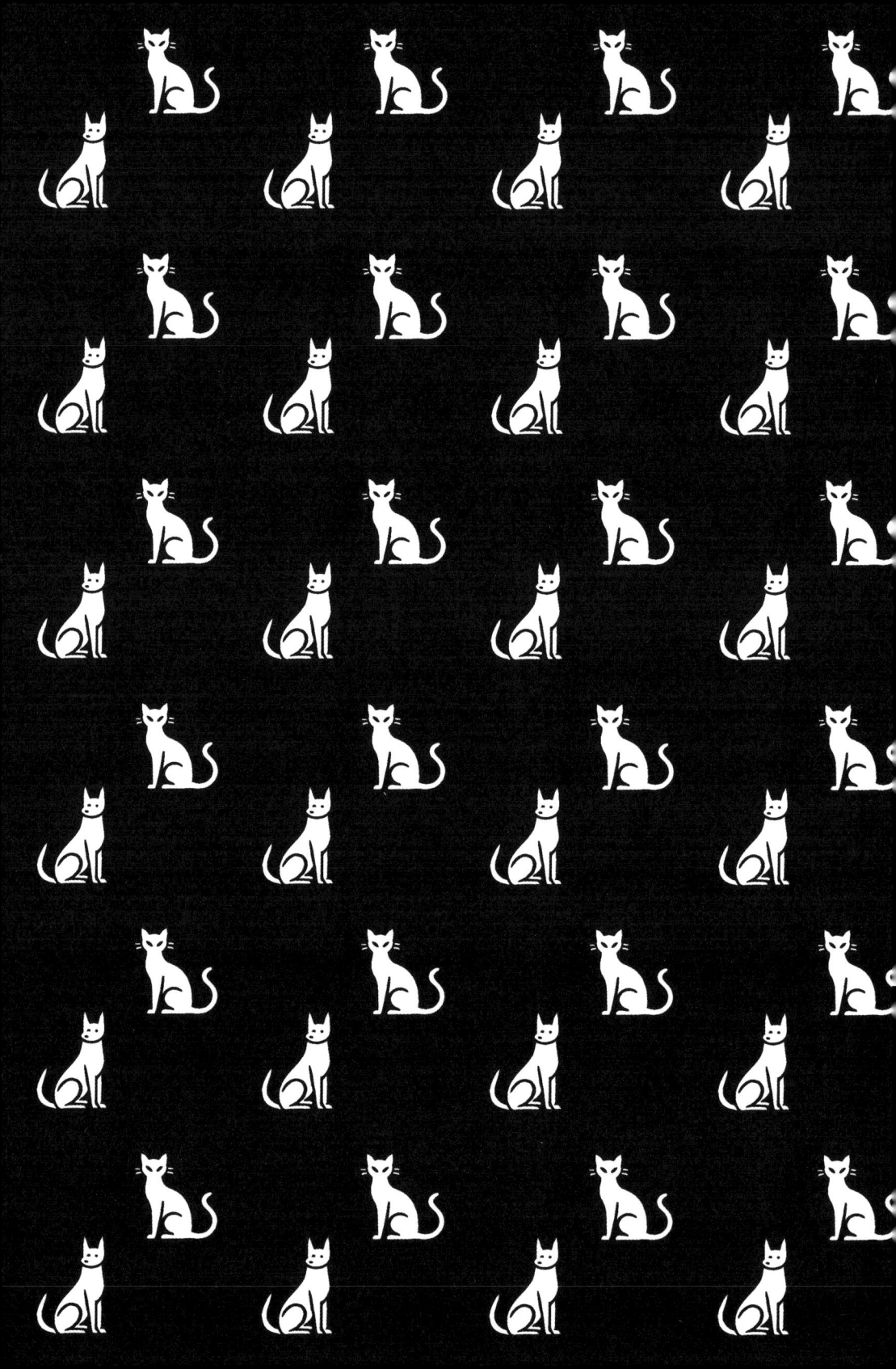

개와 고양이,
오래된 신문을 펼치다

푸르르프레스

FROM THE ARCHIVES OF NEWSPAPER
1981 - 1987

고은경

한국일보 동물복지전문기자 (미디어학 박사과정)
《동물, 뉴스를 씁니다》 저자

김지숙

한겨레 〈애니멀피플〉 기자
《동물의 행복이 너무 멀어》 저자

Recommend

추천의 글

고은경

한국일보 동물복지전문기자 (미디어학 박사과정)

　　　　　　　　　　　　　　　　　　　인터넷이 없던 시절, 가장 빠르게 뉴스와 정보를 전달한 매체는 신문이었다. 지금은 휴대폰으로 원하는 뉴스를 선택해 보거나, 유튜브나 사회관계망서비스(SNS)를 통해 정보를 얻는 게 일상화 됐지만 그럼에도 지금도 여전히 종이 신문은 존재한다.

　신문은 지면이 제한돼 있다. 이 때문에 지면에 들어가기 위한 기사 경쟁은 지금도 치열하다. 또 조금이라도 많은 정보를 담기 위해 신문 기자들은 글자수를 줄이기 위해 노력한다. 꼭 필요한 정보를 간결하면서도 명확하게 담아낼 수 있는 능력이 요구된다.

　반려동물을 기르는 인구 1,500만 시대라고 하지만 동물 뉴스를 담당하면서 '사람도 살기 어려운데 동물 뉴스까지 써야 하냐'는 얘기를 몇 년 전까지만 해도 들었다. 또 이전보다 동물 뉴스가 늘었지만, 동물이 주체가 되고 동물의 관점과 이익에서 다뤄지는 경우는 지금도 드물다.

이는 필자가 미디어학 전공자로서 '2004년~2018년 반려동물에 관한 신문 보도의 시기별 변화 특성에 관한 내용 분석'을 한 연구에서도 드러난다. 반려동물에 대한 상품화나 인간의 도구 프레임은 점차 줄어들었지만, 인간적 흥미 프레임과 경제적 중요성 프레임이 여전히 두드러졌다.

현대 사회에서도 이럴 진데 옛날 신문에서 다룬 개, 고양이 기사라니, 굉장히 드물 것이라고 생각했다. 또 한편으로는 반려동물 이슈를 어떻게 다뤘을지 호기심을 갖고 읽어 보았다. 놀랐던 점은 무려 1931년에 개를 기르는 법이 신문에 소개됐다는 점이다. 방법의 옳고 그름을 떠나 개는 4~5개월부터 가르칠 수 있다는 내용을 게재한 것 자체가 신기했다. 바이라인*이 없어서 기자가 취재를 해서 쓴 글인지, 기고를 받은 것인지 알 수 없는 부분은 좀 아쉬웠다.

또 50~70년 전 상황이 지금과 크게 다르지 않다고 느꼈다. 예전에도 개와 고양이 사이가 좋다든가, 개가 새끼 돼지나 고양이에게 젖을 먹인다는 등 흥미 위주로 동물 뉴스는 보도되고 있었다. 그렇다고 가볍게만 다뤄진 것은 아니었다. 기르던 고양이를 잃어버린 할머니의 애타는 마음과 산사태 속에서도 강아지를 구출하는 시민을 다룬 기사는 반려동물을 가족으로 여기는 모습을 여실히 보여줬다. 또 동물로 인한 사람간 갈등 문제, 해외의 유기 동물 문제도 지금과 다르지 않았다.

이 책은 지금까지 옛날 신문에 나타난 동물 뉴스에 대한 연구나 조사가 없었기에, 처음 시도한 것만으로도 의미가 있다. 또 동물 뉴스에 관심이 있는 사람이라면 옛날 신문에 실린 동물 뉴스와 현재의 동물 뉴스를 비교해가면서 읽는 재미도 선사할 것이다. 우리의 최측근 동반자인 개와 고양이는 앞으로의 신문, 미디어에서도 더 많이 더 깊이 있게 다뤄질 것임은 분명하다.

* 바이라인
기사나 칼럼 등 글의 작성자 이름을 표시하는 것을 의미

추천의 글

김지숙

한겨레 〈애니멀피플〉 기자

'동물 기자'의 하루는 다양한 신문과 온라인 매체에서 동물의 이야기를 찾는 것으로 시작됩니다. 신문 지면과 온라인 포털 서비스에 등장하는 동물 소식을 찾으면 못해도 십여 건, 많은 날은 수십여 건이 됩니다. 오늘날 이런 매체에 동물 뉴스가 없는 날은 아마 하루도 없을 것입니다. 주인공도 다양합니다. 개와 고양이뿐 아니라 산양, 고라니, 돌고래, 두루미, 비둘기 등 다양한 종의 야생동물부터 상어, 산천어, 문어, 오징어 등 물살이들까지 육해공을 아우릅니다.

우리는 언제부터 이렇게 동물에게 관심이 많았을까요. 책 《개와 고양이, 오래된 신문을 펼치다》는 그 시작이 아주 오래전, 어쩌면 현대 신문의 출발과 함께했을 가능성을 보여줍니다. 책은 1920년 창간한 동아일보가 1931년 11월 '강아지 기르는 법'이란 짧은 기사를 통해 강아지 양육법을 다룬 기사를 가장 먼저 소개합니다. "충분히 운동은 시켜야" 하며 "아무 곳에나 가서 아무것이나 주워 먹는 나쁜 습관을 기르지 않게" 하라는 기사의 조언은 100여 년 전이나 지금이나 다르지 않구나 하는 생각에 피식 웃음이 납니다.

비록 책에는 담지지 않았지만, 한때 온라인상에서 화제가 되었던 고양이 기사도 떠오릅니다. 동아일보가 1930년 4월과 10월 '글 쓰는 고양이'와 '맘마가 먹고십흔 고양이'라는 사진 기사를 잇달아 낸 사례가 있습니다. 특히 '맘마가 먹고십흔 고양이'는 고양이의 얼굴을 확대해 싣고 "나는 개보다 고양이가 귀해. 고양이는 범색기(호랑이 새끼) 갓지(같지)!"라는 글이 전부인 기사입니다. 별다른 정보 없이 귀여운 고양이의 모습을 강조한 이 기사는 실제 발간된 내용인지 두 눈을 의심케 하기까지 합니다.

당시 신문이 강아지 양육법을 소개하고, 귀여운 고양이의 모습을 실은 이유는 무엇일까요. 1930년대는 일제의 식민지배가 더욱 강압적으로 진행되는 한편 근대 소비문화가 경성(지금의 서울)과 주요 도시들에 점차 스며들기 시작한 때입니다. 일본과 서구 문물을 접한 지식인들은 고양이를 도시 감성의 상징으로 여겼고, 상류층에서는 포메라니안이나 스피츠 등 작은 개를 기르는 문화가 처음 시작되기도 합니다. 이렇게 시대적 맥락과 맞물린 기사들은 단순히 몇 문장의 글줄이 아니라 살아있는 역사로 입체적으로 다가옵니다.

이처럼 책은 1930~1980년대 과거 실제로 우리나라 신문에 발간된 20여 건의 기사·삽화·일러스트를 통해 당시의 문화, 일상, 시대적 분위기, 동물-인간 관계를 생생히 전달합니다. 기사들은 개와 고양이의 관계를 있는 그대로 관찰('개와 고양이의 풍경' 1956년, '개와 고양이' 1957년)하면서도 동물과 인간, 동물과 동물 사이에 필연적으로 맺게 되는 애착 관계('강아지' 1683년, '개와 고양이' 1968년)를 매우 구체적으로 그려내고 있습니다.

특히 '고양이 가출에 민경 합동수색'(1972년) 기사는 고양이 '살징이'를 잃어버린 천귀녀 할머니의 사연을 시시콜콜하다고 느껴질 정도로 상세히 기록하고 있는데, 울산경찰서에 고양이 실종신고를 접수하며 "나에겐 고양이가 아니고 자식이라"고 항변하는 그의 모습은 50여 년의 세월이 무색하게도 지금 '집사'들의 별다를 것이 없어 보입니다.

오늘날까지 티브이 프로그램의 단골 소재가 되는 종을 뛰어넘는 모정('개 엄마와 돼지아기 사랑의 동물가족' 1966년, '다정한 앙숙…고양이 새끼 기른 개의 모정' 1968년)이나 사람을 돕거나 구해낸 영웅 동물의 이야기('강아지가 어린 주인 살렸다' 1984년) 등의 에피소드를 소개하기도 합니다.

현재와 비슷한 사회적 문제, 갈등을 소개하는 기사에서는 여러 생각이 들기도 합니다. 반려동물 유기 문제('바캉스에 버림받는 프랑스의 개-고양이' 1976년)나 사람을 다치게 한 동물에 대한 대우와 편견('개-고양이 싸움에 이웃 불화' 1979년)을 담아낸 기사가 그러합니다. 새끼를 낳은 고양이가 이웃의 종아리를 문 뒤 안락사당한 사건에 다른 시민이 '사람을 할퀴었다고 고양이 죽여야 하나'(1979년)라는 반론을 보낸 기사는 특히나 오늘날 '사람을 물은 개는 죽여야 하나'라는 질문과 맞닿으면서 자연스레 지난 반세기 동안 인간-동물 관계가 실제로 공존으로 나아갔는지 의문을 품게 만듭니다.

책은 신문 기사라는 '반사경'이 비춘 과거로의 시간 여행으로 독자를 인도합니다. 군더더기 없이 간결하지만, 결코 담담하지 않습니다. 잃어버린 개를 찾아 헤매는 소년의 마음, 헤어졌던 주인과 상봉해 얼굴을 부비는 고양이의 마음, 아끼던 고양이가 결국 쥐약으로 죽게 되는 할머니의 마음이 온전히 전해지기 때문입니다. 독자를 미소 짓게 하다가 심각하게 만들고, 때로 눈물 떨구게 만듭니다. 당시로써는 귀한 '동물 기사'를 모아 만든 이 책은 우리가 지난 100년간 동물과 나눈 애착과 애정, 여전히 해결 못 한 문제들을 되새김질하는 이정표가 되어줄 것입니다.

산사태로 집을 잃은 와중에도 "마지막 남은 식구(인) 강아지"를 구출해 나오는 1970년대 한 여인의 모습을 마주하는 감동을 부디 모든 독자가 누리시길 바랍니다.

일러두기

* 본 도서는 조선일보, 동아일보, 경향신문의 1930-1980년대에 걸친 개,고양이 기사를 아카이빙한 도서집으로 본문에 사용된 기사와 사진은 각 언론사를 통해 정식 구매한 자료입니다.

* 수록된 자료는 라이브러리 지면에 초점을 맞추어 선별하였습니다.

* 기사 내용은 당시의 시대적 상황과 언어 표현 방식을 반영하고 있으며, 현재의 시각으로 해석될 때 일부 불일치가 있을 수 있습니다.

* 일부 기사는 원문 상태를 유지하기 위해 최소한의 편집만 거쳤으며, 의미 전달이 어려운 경우 주석을 추가하였습니다.

* 본 도서에 수록된 신문 자료는 원저작권자의 저작권 보호를 받으며, 이용을 원하시면 원저작권자의 동의를 얻어야 합니다.

* 도서 제작 이후 발견된 오류는 전자우편 topurrpress@gmail.com를 통해 알려 주시면 감사하겠습니다.

목차

추천의 글   4

1931年 11月 1日	강아지 기르는법 재조는 四五(사오)개월부터 가르쳐	14
1956年 5月 29日	개와 고양이의 풍경	20
1957年 12月 7日	개와 고양이	24
1966年 2月 9日	고양이길러 쥐잡기運動(운동)을	30
1966年 11月 13日	개 엄마와 돼지아기 사랑의 「동물가족(動物家族)」	32
1968年 3月 9日	강아지	38
1968年 9月 26日	개와 고양이	42
1968年 11月 2日	多情(다정)한 양숙 고양이새끼를 기른 개의 母情(모정)	46
1971年 12月 14日	사고트럭에 깔린 두사람곁에 강아지한마리	54
1971年 7月 16日	고양이 가출(家出)에 민경(民警)합동수색(搜索)	58
1973年 9月 20日	「고양이재판(裁判)」서 원고(江原)승소	64
1976年 8月 16日	강아지를 救出(구출)하는 女心(여심)	68
1976年 8月 29日	바캉스에 버림받는 프랑스의 개—고양이	72
1979年 9月 2日	개—고양이 싸움에「이웃 불화(不和)」	78
1979年 9月 7日	사람을 할퀴었다고 고양이 죽여야하나	84
1981年 3月 24日	화창한 봄 … 강아지의「슬픈나들이」	90
1984年 1月 24日	강아지가 어린주인(主人) 살렸다	92
1987年 12月 22日	南大門(남대문)시장의 이색인생「강아지 할아버지」	98

출처   101

1930년대

1930년대 대한민국(일제강점기)에서 개는 사냥개, 경비견, 짐 운반용 동물로 활용되었고, 고양이는 쥐잡이 동물로 여겨졌습니다. 개는 주로 농촌에서 키워졌으며, 부유층 일부는 일본 영향을 받아 애완견을 기르기도 했습니다. 일제는 군용견과 식용견 관리 정책을 도입했고, 일부 지역에서는 개고기 소비가 단속되기도 했습니다. 광견병 예방을 위해 떠돌이 개를 포획하거나 예방 접종을 시도하는 정책이 시행되었습니다. 고양이는 여전히 미신적인 존재로 여겨졌으며, 검은 고양이는 불길한 징조로 인식되었습니다. 도시화가 진행되면서 개와 고양이가 점차 주거 환경 속에서 함께하는 경우가 늘었지만, 반려동물 개념은 거의 없었습니다.

1931.11.1

강아지 기르는법 재조는
四五(사오)개월부터 가르처

* 골연증(骨軟症)
어린 대형견이나 초대형견에서 주로 발생하는 뼈와 연골의 성장 이상 질환입니다.
이 질환은 생후 2~8개월 사이의 빠르게 성장하는 강아지에서 많이 나타납니다.

* 목책
말뚝 따위를 죽 잇따라 박아 만든 울타리. 또는 잇따라 박은 말뚝.

강아지 기르는법 재조는 四五(사오)개월부터 가르처

강아지는 생후 1개월이면 젖을 아니 먹고도 살게 됩니다. 젖 떨어질 즈음이 되기만 하면 어미 젖은 최초보다 비상히 진해져서 마치 우유에 물 조금 탄 정도쯤 됩니다. 이때쯤 되면 사람의 손으로도 넉넉히 기를 수 있습니다. 여기서 주의해야 할 것은 개라도 사람처럼 맛을 알아서 사람이 먹는 것과 같이 간을 맞추면 맛나게 먹습니다.

이 외에 골연증*을 예방하기 위하여 또 이를 튼튼하게 하기 위하여 한 달에 한 번씩 돼지의 늑골이나 연골에 붙은 뼈를 뜯어 먹게 하도록 합니다. 강아지에게는 밥 약 두 홉쯤을 하루 몇 번씩 나누어 주어야 합니다마는 아주 큰 개 같으면 아침저녁 두 번만 주어도 넉넉합니다. 그리고 마구 기르는 편이 건강해집니다. 최후로 충분히 운동은 시켜야 합니다. 큰 개는 지 마음대로 돌아다니게 하여 기릅니다. 아무 곳에나 가서 아무것이나 주워 먹는 나쁜 습관을 기르지 않게 하고 꼭 기르려면 끈을 길게 하여 목책* 속에 넣어 두고 기르는 것이 좋습니다.

그리고 재주를 가르치려면 난지 4~5개월부터 시작하여 쉬운 것부터 가르칩니다. 그런데 산양 개로 어릴 때부터 쓰는 것은 성적이 좋지 못합니다.

이렇게 강아지를 기르는 것은 아이를 상대로 하고 매우 좋은 것이며 어릴 때부터 아이에 대하여 따뜻한 맘을 길러줄 수 있고 또 이 아이의 기분 전환을 시키는 데는 상당히 좋은 상대 물입니다.

강아지 기르는법 재조는 四五(사오)개월부터 가르처
○ **1931年 11月 1日 동아일보**

1950년대

한국전쟁(1950~1953) 중 개들은 군용견으로 활용되었고, 전쟁 후에는 유기견이 크게 증가했습니다. 광견병 확산 우려로 떠돌이 개 포획과 예방 접종이 이루어졌습니다. 개고기 소비 문화는 여전히 존재했으며, 전쟁 후 식량난 속에서 더욱 확대되었습니다. 고양이는 실용적인 동물이었지만, 미신적 인식(검은 고양이 불길함 등)이 남아 있었습니다. 미국 문화의 영향으로 부유층을 중심으로 반려동물 개념이 조금씩 퍼졌습니다. 하지만 대다수 국민에게 개와 고양이는 여전히 가축의 개념이 강했습니다.

1956.5.29

개와 고양이의 풍경

개와 고양이, 오래된 신문을 펼치다

　　　　　　　　　　　　　　　근래에 개(犬)를 기르는 일이 일종의 유행과 같기도 하다. 하기는 옛날부터 개와 닭의 소리가 들리지 않아서는 동네가 동네답지 못하다는 뜻을 가진 것이다. 또 개나 닭 또는 고양이쯤 먹여 기를 마음의 서유도 가져야 한다는 것이 인간 살림의 부드러운 면이 설명될 수 있음 직한 일일 것이다. 특히 개는 주인에 대해서 충성스러운 면이 과연 가축(家畜)으로서 귀여움을 받음 직한 것이다.

　개중에도 특히 근자에 이름 있는 것이 진도견(珍島犬)이다. 참말 영리하고 또 그 주인을 바꾸지 않는 충성스러운 품이 개라고 하지만 미더운 점이 있는 것이다. 그래서 근자에 서울에 논 진도 강아지를 팔러 다니는 개장수가 거리에 드문드문 보이는데 개장수가 개만 파는 것이 아니라 고양이도 같이 팔고 있는 것을 볼 수 있다. 하기는 서울에는 고양이란 종자를 볼 수 없이 되었다. 전쟁 중에 비워 두었던 서울에는 개가 주인을 따르는 대신에 고양이는 집을 지키는 버릇 때문에 주인 없는 집을 지키던 고양이들이 어디로 갔는지 자취를 감추고 말았다.

혹은 쥐 잡는 약이 독한 때문에 쥐약을 먹고 죽은 쥐를 잡아먹고 고양이마저 모두 죽어버렸다고 하나 반드시 고양이가 죽은 쥐를 먹을 만큼 미련스럽지는 않을듯싶다. 그는 하여간 서울에서 고양이를 찾아보기 힘들게 되자 거리에는 고양이 장수도 보이게 되어, 개장수가 고양이까지 한자리에 장사를 벌려놓고 있는 것을 볼 수 있다.

그런데, 고양이와 개라면 원수도 그런 원수가 있을 수 없다는 것이 고래로 전해오는 개와 고양이의 습성임은 틀림없다.

그러나 개도 고양이도 주인의 뜻을 알아차렸기 때문인지, 네다섯 마리의 진도 강아지와 두어 마리의 고양이 새끼가 한자리에서 온순히 앉아 있는가 하면 서로 얼굴을 맞대고 앞발로 얼굴을 서로 어루만지며 재롱을 부리기도 한다. 지나던 사람들이 바로 강아지나 고양이를 사볼 생각이 있어서가 아니라 개와 고양이가 살들답게 잘 늘고 있는 것이 신기로워서 모두가 바쁜 걸음을 멈추고 그 정다운 광경을 구경하고 있다. 이 광경이 서울에서는 한복판의 어떤 「로터리」의 길가에 벌어졌다.

두 사람만 모이면 입에 거품을 무는 세상, 두 패만 맞부딪치면 주먹이 나오기 쉬운 이때 선거에도 정치싸움보다 주먹싸움인 것같이 인심에 불안을 주었던 그 한동안 지나서 천생 원수로 태어난 것으로 된 개와 고양이가 한주인 무릎 밑에 제법 어긋하니, 이 또한 구경할만한 풍경이 아닐 수 없었다.

역시 싸움 구경보다는 다정스러운 사이가 구경만 해도 마음이 개운 해지는 것이 사실이다.

개와 고양이의 풍경
○ 1956年 5月 29日 조선일보

1957.12.7

개와 고양이

개와 고양이, 오래된 신문을 펼치다

이기붕(李起鵬) 기고

　　　　　　　　　　　　　　　견묘지간(犬猫之間)이란 말이 있거니와 때로는 이 말이 불공대천지수(不共戴天之讐)란 말로 대치되기도 한다. 그만큼 개와 고양이의 사이란 좋지 못한 것으로 알려져 있다. 사실 나도 꽤 오래전에 개와 고양이를 함께 길러 본 일이 있거니와 서로 보기만 하면 으르렁거리고 싸우기 시작한다. 고양이란 놈은 힘은 없지마는 꾀 있고 날래기는 개가 미칠 바 못 된다. 불리하면 지붕 꼭대기나 나무 위로 도망을 쳐 버리고 만다.
　얼마 전에 몇 사람이 모여 환담하는 데서 들은 이야기다. 한 친구가 개와 고양이를 한방에 몰아 놓고 길러 본 경험담이었다.
　말하자면 사람과 개와 고양이가 침식을 함께한 셈이다. 개와 고양이는 서로 눈에만 뜨이면 온 몸뚱이에 털을 세우고 송곳니를 드러내 놓기 시작하는 것을 짐짓 양 옆구리에 한 놈씩 끼고 고기나 과자 같은 것을 한 번은 뜯어 개를 먹이고 또 한 번은 뜯어 고양이를 먹이고 하였다 한다. 얼마나 지나니까 서로 몸을 스쳐도 예사로 여기 더라는 것이다. 이렇게 하기를 서너 달 하니 그때부터는 서로 농을 시작하고 의좋게 한 그릇의 밥을 먹고 잘 때면 고양이란 놈이 개잔 등에 올라가 자고… 세상에 그렇게 정다운 개와 개 또는 고양이와 고양이를 본 일이 없다는 것이다.

나는 이 이야기가 심상하게 들리지를 않았다. 꼴이 다르고 종족이 다른 미물의 짐승도 접촉하는 동안에 타를 이해할 줄 알고 정을 붙이지 않는가?

하물며 배웠다는 사람 잘났다는 사람들이 사소한 이해와 지위를 다투어 헐뜯고 배반하고 모함하는 것은 이 무슨 죄스럽고 못난 짓일까? 매사에 동상이몽(同牀異夢)이요 매사에 오월동주(吳越同舟)인 우리의 실태를 볼 제 사색당쟁(四色黨爭)으로 사직을 망친 우리 조상들의 과오를 우리가 또 밟고 있나 생각하면 몸서리가 친다.

나는 이런 친구들에게 개와 고양이를 길러 보라고 하고 싶다. 기르면서 개와 고양이에게서 어떻게 원수를 사랑할 수 있나 배워보라는 것이다.

여기서 나는 불공대천지수(不共戴天之讐)란 말과 바꿀 수 있는 말로 견묘지간(犬猫之間)이란 말 대신에 좌우지간이란 말을 쓰기로 제언하는 바이다.

이차대전이 끝나고 오늘까지 십유삼년 동안 공산주의자와의 공존의 가능성을 찾고자 우리가 바친 노력과 희생이 얼마나 컸던가? 그리고 무엇을 얻었던가? 또 무엇을 깨달았나?

일언이폐지(一言以蔽之)하면 불공대천지수란 말 밖에는 없다. 이것은 물론 견묘지간과는 다른 뜻에서이다. 그래서 나는 견묘의 개념이 달라진 오늘 "좌우지간"이란 신언을 조작하기에 이른 것이다.

개와 고양이
○ 1957年 12月 7日 경향신문

1960년대

1960년대 대한민국에서 개는 경비견이나 사냥개, 고양이는 쥐잡이 동물로 여겨져 실용적인 가축의 개념이 강했습니다. 일부 부유층을 중심으로 애완견 문화가 시작되었지만, 대부분의 개는 마당에서 키웠고, 고양이는 인간과 정서적 유대가 적었습니다. 산업화와 도시화로 인해 도시에서는 반려동물 개념이 조금씩 확산되었습니다. 광견병 예방을 위해 떠돌이 개 포획과 예방 접종이 도입되었으며, 개고기 소비 문화도 여전히 존재했습니다. 고양이는 검은 고양이를 불길하게 여기는 등 미신적 인식이 남아 있었습니다. 미국과 일본 문화의 영향을 받아 일부에서 애완동물에 대한 관심이 증가하기 시작했습니다.

1966.2.9

고양이길러 쥐잡기運動(운동)을

백정선 (31.보성군 율어면 고죽리) 기고

정부에서는 쥐잡기 운동이라 해서 쥐약을 농촌 공급해서 쥐잡기를 널리 권장하고 있다. 물론 이것은 좋은 현상이며 쥐약을 놓을 때는 쥐도 많이 죽는 것이 사실이다.

그러나 약을 놓을 때뿐이지 한참 지난 후에는 쥐가 또다시 번성해서 피해는 역시 마찬가지다. 효과가 없다는 것이 아니라 항구적인 대책이 되지 못한다는 것이다. 이러한 점에서 나는 정부가 쥐약을 공급하느니보다는 차라리 농촌에 고양이 기르기를 장려했으면 한다. 농촌의 각 마을에서 고양이 10여 마리만 기른다면 쥐는 아마 전멸하고 말 것이다.

그러나 고양이를 살려 해도 값이 비쌀 뿐 아니라, 구하기가 힘이 든다.

정부에서 적극 협조해서 쥐약보다 고양이를 장려하는 것이 쥐잡기에 제일 효과적일 것이다. **고양이길러 쥐잡기運動(운동)을** ○ **1966년 2월 9일 경향신문**

1966.11.13

개 엄마와 돼지아기
사랑의 「동물가족(動物家族)」

개와 고양이, 오래된 신문을 펼치다

젖없던 두마리, 개젖먹어
강아지와도 형제(兄弟)같이 장난
셰퍼드는 제 새끼인 양 돌봐

동물 세계의 모정은 인간 못지않다. 경기도 포천시 창수면 고소성리 도상영(32) 씨 집에는 「동물의 모정」을 구경하려고 날마다 사방40리에서 구경꾼이 몰려와 법석을 떨고 있다.

동네 꼬마들은 도 씨 집안 마당에 모여 꿀꿀거리는 돼지 새끼 형제와 몸집이 돼지 새끼보다 갑절이나 큰 강아지 남매들이 『낑낑』 소리를 내며 서로 밀고 실랑이를 하는 등 장난하다 어미 개에게 달려가 함께 젖을 빠는 모습을 보고 손뼉을 치며 좋아했다. 소문을 듣고 구경은 이웃 마을 노인들도 큰 검정 강아지와 러닝셔츠를 입힌 듯 가슴에 흰띠를 두른 햄프셔종 새끼 돼지가 사이좋게 노는 광경을 기특하게 보고 있었다.

미군 부대서 막일하는 도 씨 집의 3년 묵은 큰 돼지가 지난 1일 15마리의 새끼를 낳았다. 불행히도 어미돼지는 젖꼭지가 11개 밖에 없었다. 새끼 돼지란 제 젖꼭지를 정해놓고 하나만을 빠는 생리인지라, 젖꼭지를 정하지 못한 네 마리가 굶어 죽을 것을 염려한 도 씨는 우유를 먹여 키우기로 했다.

어미젖 한번 빨지 못하고 엄마 돼지와 생이별한 새끼 네 마리 중 두 마리는 친척에게 주어버렸다.

어미 품을 빼앗긴 새끼들은 밤새도록 방안에서 우유도 안 먹고 꿀꿀거렸다. 측은한 눈으로 쳐다보다 꼬박 한밤을 지새운 도 씨의 큰아들 철순(6)군이 어머니 김봉순(28) 씨에게 엉뚱한 제안을 했다. "엄마—저 꿀꿀이들을 자니 젖을 먹여 키워—"하고 졸라 댔다. 자니는 보름 전에 새끼 두 마리를 낳은 도 씨 집 셰퍼드.

어머니가 돼지와 개는 달라 서로 키워주지 않는다고 설명했으나 철순이는 막무가내다.

김 씨는 돼지 새끼들을 자니는 젖을 물도록 품 안에 갖다 놓았다. 깜짝 놀란 자니는 가슴에 흰띠가 있는 조그마한 짐승이 곧 자기 새끼가 아님을 알아내고 물으려고 으르렁댔다. 어머니 김 씨와 철순이가 자니에게 호통을 쳤다. 웬만한 말을 알아듣는 자니는 젖이 없으니 함께 키워주어야 한다는 주인의 뜻을 알아듣고 젖을 먹도록 내버려두었다.

돼지 새끼들은 자니가 자기 어미인 줄 알고 정신없이 품에 파고들어 젖을 빨기 시작했다.

영리한 자니는 감시하는 주인이 없어도 꿀꿀이들을 자기 새끼와 똑같이 키웠다.

동네 꼬마들이 자기 새끼를 만지면 가만두어도 꿀꿀이들을 건드리면 발칵 화를 내며 짖었다. 몸집이 큰 강아지들과 작은 꿀꿀이들은 서로 다른 짐승이라는 것을 모르는 것 같았다. 서로 다른 울음소리를 내가며 물고 당기는 장난질을 곧잘 했다.

Illustration. 김혜정

《마음을 그리다》, 《어디에든 우리가 있어》를 그리고 썼고 《다시 만나자 우리》, 《닭님의 전설》, 《생명에게 배운다》, 《어떤 개를 찾으시나요》 등에 그림을 그렸습니다. 《OhBoy!》 매거진에 그림을 연재하고 있습니다.

꿀꿀이들은 엄청나게 먹새 강아지들은 하루 4~5회 젖을 빨면 그만이지만 새끼 돼지들은 하루에 15~16회 정도는 먹어야 직성이 풀린다. 힘센 콧등으로 연방 젖을 밀어가며 빨아대는 바람에 자니의 젖 2개는 부르트고 헤졌다. 꿀꿀이들이 울타리 밑으로 와 코끝으로 땅을 파면 자니는 안타까운 눈으로 쳐다보다 입으로 돼지들을 밀어다 강아지 있는 곳에 데려다 놓는 것이다.

자니의 나이는 한살도 못되는 11개월. 이웃사람이 이사하며 강아지이던 자니를 주고 갔다. 점점 자라며 늠름한 셰퍼드가 된 자니는 미군부대 군용견 셰퍼드와 결혼한 후 새끼 두 마리를 낳았다. 자니는 참말 영리한 개라고 말하는 도 씨는 젖이 달려 걱정이라고 말했다.

한 울타리 안에 어미돼지의 젖을 먹고 자라는 11마리의 새끼 돼지들도 잘 자라고 있었다. 개 젖을 먹고 자라는 꿀꿀이 형제는 그보다 몸집이 야위었어도 강아지들처럼 건강하게 자라고 있다.

개 엄마와 돼지아기 사랑의 「동물가족(動物家族)」
○ 1966年 11月 13日 조선일보

1968.3.9

강아지

* 다와의

일본어인 たわいもない(타와이모나이)에서 온 말로 해석됩니다. "사소한", "별거 아닌", "허무한", "철없는" 등의 의미로 해석될 수 있습니다.

개와 고양이, 오래된 신문을 펼치다

강석린(중앙의료원방사선 과장) 기고

　　　　　　　　　　　　　　작년 초여름의 일이다. 하루는 중학교 일 학년인 꼬마가 새까만 강아지를 안고 대문으로 뛰어들었다. 친척 할머니 댁에서 막무가내로 「다와의*」를 해온 것이다. 족보가 뚜렷한 명문 출신은 못 되고 여름철의 보신탕에 알맞은 재래종 강아지였다. 꼬마는 별이라도 딴 듯 기뻐 어쩔 줄을 몰랐다. 우리 내외는 본시 애견가와는 거리가 먼 인간들인지라 탐 탁할 까닭이 없었으나 꼬마의 어린 행복에 재를 뿌리는 것이 안 되어서 잠자코 가족의 일원으로 입적시켜 주었다.

　　꼬마가 이 강아지에게 쏟아부은 정성은 이루 말할 수 없었다. 아침마다 자기더러 먹으라는 우유를 은밀히 그에게 바쳤다. 발각되어 야단을 맞아도 요지부동이었다. 부엌에 맛있는 음식이라도 있는 것을 알면 누가 무어 라건, 강아지에게 먹이고야 말았다. 자기 어머니의 성화쯤은 능히 마이동풍(馬耳東風)로 넘기곤 하였다.

　　그러나 이 강아지와 시름없이 장난하며 노는 꼬마의 천진한 모습에 흐뭇한 심회도 없을 수 없었다. 가을도 저물어 찬 바람이 내리면서부터 밤이면 꼬마의 방에서 이상한 소리가 들리곤 하였다.

설마, 하면서 하루 이틀 지내다가 마침내 어느 추운 밤 그의 방을 급습하였다. 강아지를 옆에 재우고 있다. 자유방임주의(自由放任主義) 필자도 이때만은 큰 소리로 닦아세웠다. 개를 방 안에서 재우는 비위생. 불결에서 시작하여, 짐승은 원래 밖에서 키워야 하며 개의 본직은 도둑을 지키는 데 있다는 사실에 이르기까지 열변을 토하였다. 그러나 꼬마의 결의는 단호하여 그 후도 강아지는 방에 기거하여 마지않았다. 팔자가 늘어진 강아지는 무럭무럭 자라 성탄 무렵에는 성견이 되었다. 그런데 지난 일월 그믐 어느 추운 날 갑자기 이 강아지가 자취를 감추었다.

　학교에서 돌아온 꼬마는 낙심천만(落心千萬)이었다. 밤늦도록 온 동네를 찾아 헤매다가 저녁도 들지 않고 꼬부리고 잠든 모습은 애처롭기까지 하였다. 그 후 강아지는 발견되었다. 좀 떨어진 동네에 암놈이 나타나서 그것과 죽는다 산다 하는 처지가 된 것이다. 초라한 모습으로 가끔 집에 돌아와 밥을 얻어먹고는 그길로 내닫는다. 그의 마음을 돌리려고 애쓰다가 꼬마도 지쳤다. 요즘은 별로 신통치 않게 보는 눈치다. 자연의 섭리라고 할까. 강아지도 제 갈 길을 가는 것이다.

강아지 ○ 1968年 3月 9日 동아일보

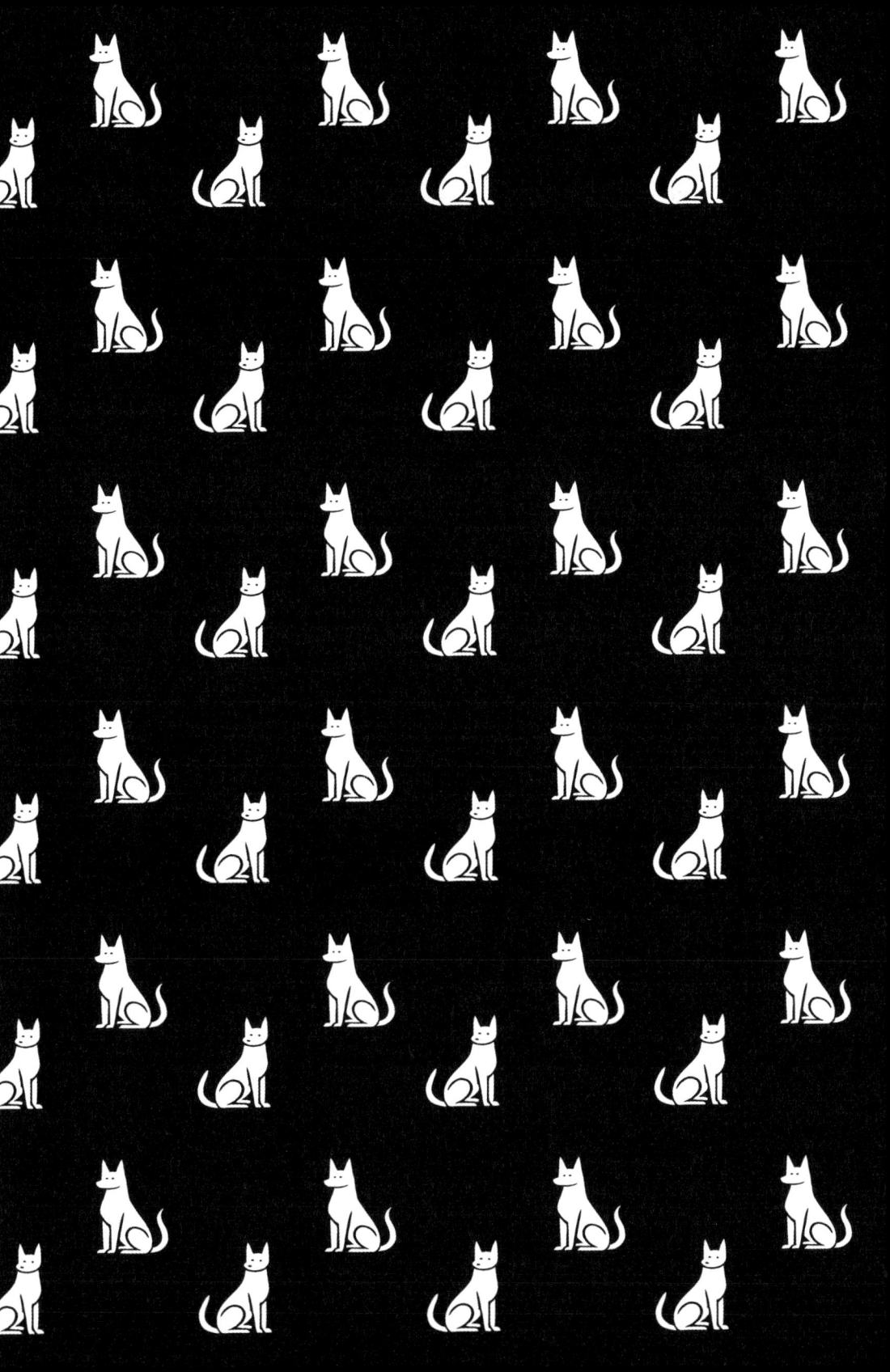

1968.9.26

개와 고양이

개와 고양이, 오래된 신문을 펼치다

이상은(李相殷) 기고

　　　　　　　　　　　　　　　　　　　　주인(主人)을 잘 알아 보고 낯선 사람을 경계하며 도적을 지켜주는 것이 개의 특성이요, 낮이면 마루 안방에서 아기들의 놀음 동무가 되다가 밤이면 어둠 속에서도 쥐를 잡아 주는 것이 고양이의 특성이라고만 나는 생각해 왔고, 개와 고양이 자신들의 세계나 그 생활감정이 어떠한 것인지는 별로 관심을 가져본 일이 없었다.
　　그런데 얼마 전에 나는 오래 살던 집을 떠나 먼 곳으로 이사를 하였다. 떠날 때 이웃집에서 고양이를 빌려달라 하기에 어려서부터 개(스피츠 종)와 같이 길러오던 고양이를 그 집에 떼어두고 개만 데리고 왔다. 새집에 오니 환경이 바뀌어 개도 처음엔 서먹하며 의지할 곳을 몰라 하다가 제집을 지어 자리를 정해준 다음부터 평상상태로 돌아갔다. 그러나 한가지 보통 때와 다른 것은 이따금 먼장을 바라보며 멍하니 앉아 있다가는 벌떡 일어서 끙끙거리며 무엇인가 찾아 돌아가곤 한다. 이와 동시에 고양이를 맡아둔 그 이웃 집사람의 보고를 들으면 고양이는 밥도 잘 안 먹고 놀지도 잘 아니하고 풀어만 놓으면 예전 집으로 찾아나가곤 한다는 것이다.

하루는 집사람이 그 이웃집에 들렀다. 고양이는 집사람을 보더니 곧 달려와서 『애웅 애웅』 하면서 제 몸을 이리저리 써대며 무릎에 올라앉고 가슴에 안기며 얼굴을 한참씩 쳐다보기도 하고 손, 발을 깨무는 시늉도 하면서 오래도록 곁을 떠나지 않는다. 집사람은 그 모양을 보고 차마 떼어두고 올 수 없어서 그것을 되찾아서 왔다. 꼭 20일 만이었다.

이제 고양이를 찾은 개와 개를 만난 고양이 사이에는 놀라운 새 사실이 전개된다. 두 놈이 서로 엉키어 앞발로 부둥켜안기도 하고 입으로 물어뜯는 시늉도 하며 엎치락뒤치락 장난하다가는 한 놈이 쫓겨 달아나면 한 놈은 곧 따라가서 또 발로 덮치고 입으로 물고 하여 놀음이 그칠 줄 모른다. 그뿐 아니라 전에는 밥을 주면 개는 혼자만 먹고 고양이가 먹으려 하면 이빨을 드러내며 으르렁 대던 것이 이제는 고양이와 개가 나란히 같이 밥을 한군데서 먹는다. 그리고 고양이는 이때까지 개집에서 자는 일이 없었는데 찾아온 날 밤 고양이를 밖에 내놓았더니 다음날 아침에 보니 개집에 들어가 자고 있었다.

서로 다른 족속에 속하는 동물들이건만 같이 자라고 함께 놀던 그정(情)이 이렇게 두터워 종족의 한계도 넘어서 20일간의 이별의 아쉬움을 이렇게 풀어 보는 것이었다. 같은 족속끼리 갈라져 20년이 넘어도 이별의 아쉬움을 서로 풀어볼 줄 모르는 인간(人間)이 부끄럽기만 하다.

개와 고양이
○ 1968年 9月 26日 조선일보

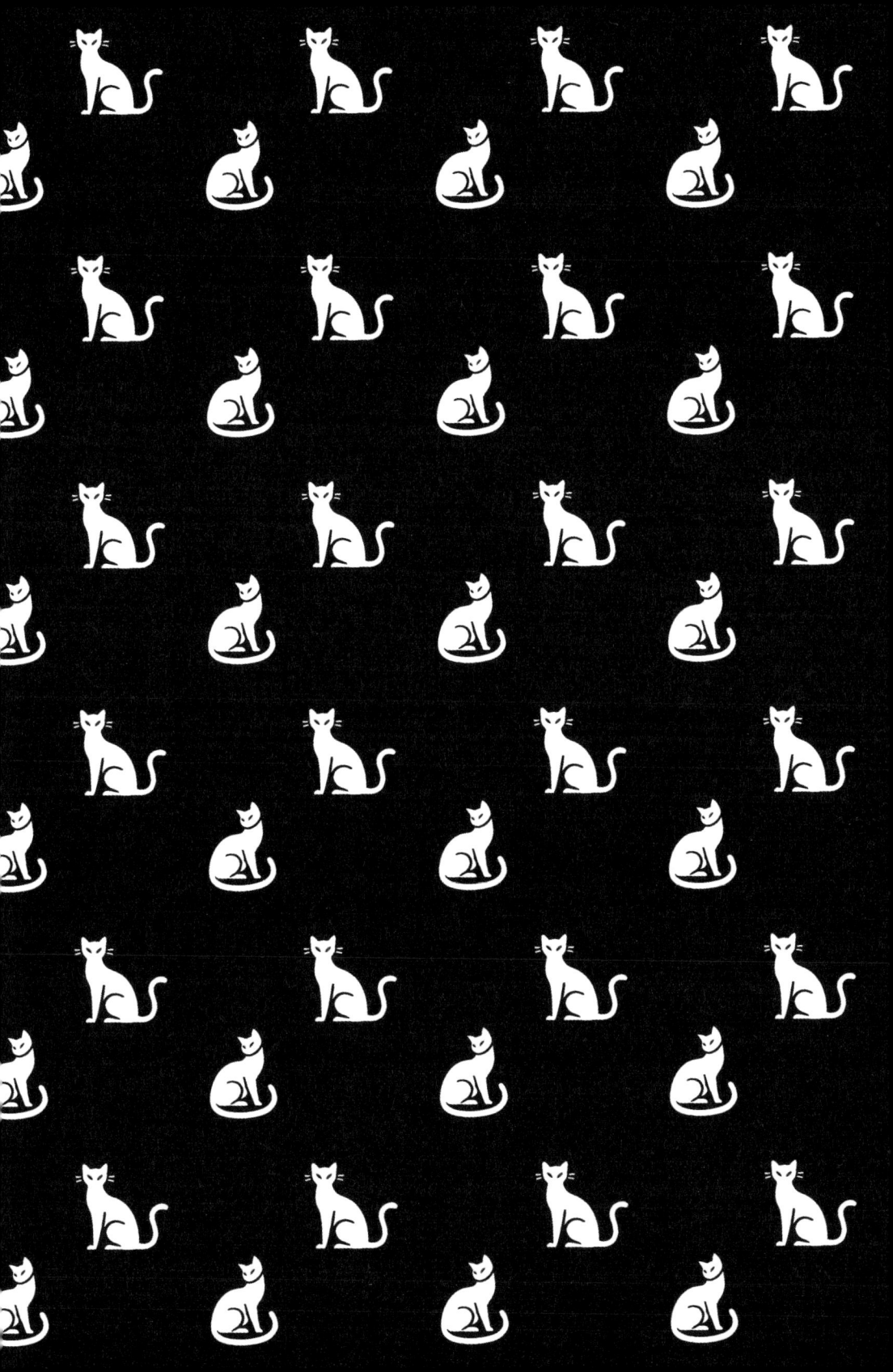

1968.11.2

多情(다정)한 앙숙 고양이새끼를 기른
개의 母情(모정)

多情(다정)한 앙숙 고양이새끼를 기른 개의 母情(모정)
석달동안 제새끼와 함께 젖먹여 키워

　　　　　　　　　　　　　　　　견원의 사이에 비겨질 만큼 고양이와도 앙숙인 것으로 알려져 온 개가 집 잃은 갓난 고양이를 물어다 제 새끼와 함께 석 달 동안이나 젖을 먹여 길러내 화제를 모으고 있다.

　서울 마포구 합정동 269 김우용 씨(오 O 전기재료상) 집 암캐 자키 양(생후 1년 3개월)은 지난 7월 26일쯤 갓난 고양이 새끼 한 마리를 물고 들어와 이십 일 전에 낳은 제 새끼들과 나란히 3개월 동안이나 젖을 먹여 애당초 물어올 때는 크기가 쥐 정도 밖에 안되던 것을 이제는 쥐를 잡는 큰 고양이로 길러냈다.

　검은 두 귀에 흰빛의 작은 몸집을 가진 자키양은 제 새끼보다도 고양이 새끼를 끔찍이 보살폈다는데 강아지들이 모두 팔려 가고 이제는 고양이가 제대로 몸집이 잡혔는데도 아직 젖을 먹이고 함께 안고 잔다는 것. 1개월 전에는 이 고양이를 잃어버려 김 씨의 전 가족이 동원돼 이웃 음식점에서 찾아냈으나 음식점에서 "팔백 원을 주고 사 온 것"이라고 돌려주지 않아 신도파출소에 신고, 조사 나온 전 모 순경은 고양이가 자키의 젖을 먹는 것을 확인하고 되찾아 준 일도 있다고.

주인 김 씨는 "처음엔 우유를 먹여 고양이를 키우려 했는데 자키가 젖을 먹이는 걸 보고 무척 놀랐다"라면서 "이 어찌 좋은 일이 아니겠느냐"라고 웃음 지었다.

한편, 이에 대해 동물학자 강영선 교수는 "개와 고양이가 다 같은 포유동물이므로 있을 수 있는 일이기는 하나 자기 입으로 물어다 키운 것은 신기한 일"이라고 말했다.

多情(다정)한 앙숙 고양이새끼를 기른 개의 母情(모정)
○ 1968年 11月 2日 동아일보

Illustration. 낭소

반려동물과 관련된 콘텐츠를 만들고 소통하며 그림에세이 작가로 활동 중에 있습니다. 보는 이들의 마음을 따뜻하게 만들 수 있는 그림책을 만들어 갈 계획입니다. 그림에세이 《숲강아지》를 쓰고 그렸으며, 그림동화책 《띵동 어서와》가 있습니다. 그린 책으로는 《강아지 마음 사전》, 《쓰디 쓴 오늘에, 휘핑크림》, 《우리 산책할까요》, 《토끼랑 산다》 등이 있습니다.

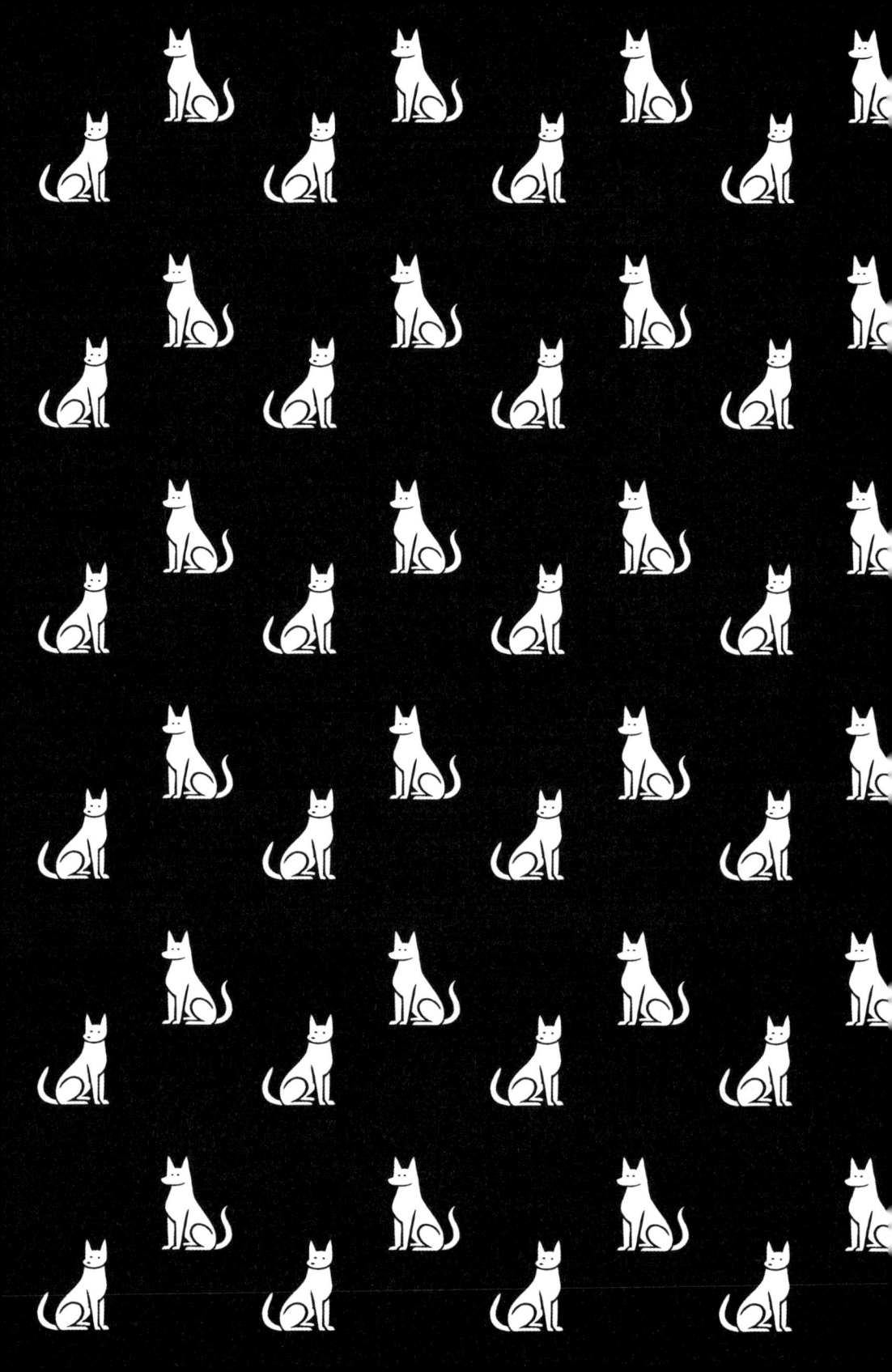

1970년대

1970년대 대한민국에서 일부 부유층에서 반려견 문화가 확산되기 시작했습니다. 정부는 광견병 예방을 위해 예방 접종과 떠돌이 개 단속을 강화했습니다. 새마을운동과 도시화가 진행되면서 마당에서 키우던 개가 줄고, 아파트 등 실내에서 기르는 소형견 문화가 등장했습니다. 개고기 소비는 여전히 일반적이었으나, 일부 계층에서 반대하는 목소리도 나오기 시작했습니다. 고양이는 여전히 쥐잡이 동물로 여겨졌고, 길고양이에 대한 부정적 인식이 강했습니다. 그러나 도시에서는 고양이를 애완동물로 키우는 사례도 증가했습니다. 서구 문화의 유입으로 애완동물 개념이 점차 정착되었으며, 반려동물 관련 용품이 등장하기 시작했습니다.

1971.12.14

사고트럭에 깔린 두사람곁에
강아지한마리

사고트럭에 깔린 두 사람 곁에 강아지 한마리도 다리가 부러져 구조를 기다리고 있다.
사진 출처. 1971年 12月 14日 동아일보

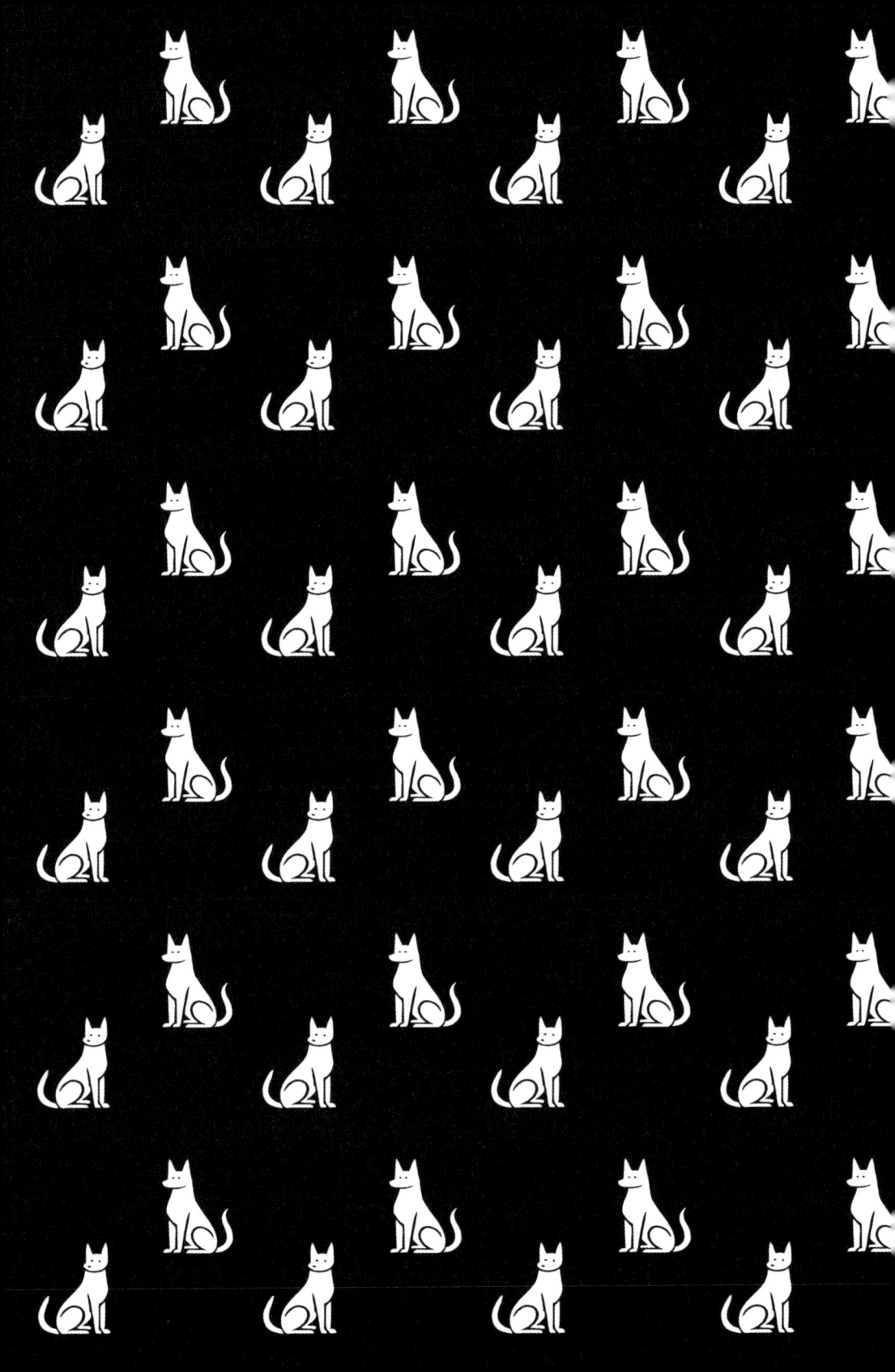

1972.7.16

고양이 가출(家出)에
민경(民警)합동수색(搜索)

* 방랑벽
정한 곳 없이 이리저리 떠돌아다니기를 좋아하는 버릇

개와 고양이, 오래된 신문을 펼치다

티없는 신고정신(申告精神)도운 순수한 경찰(警察)자세

할머니 간청(懇請)에 감동(感動)······7일(日)만에 찾아내

울산시민(蔚山市民) "살징이 나와라 야옹"

찾은 보람 헛되이 약(藥)먹고 횡사(橫死)

고양이 살징이가 죽었다. 극히 작은 슬픔이다. 하지만 울산 시민 모두에게 충격을 준 큰 슬픔이다. 여학생들은 이 소식을 듣고 더러 울었다. 고양이를 잃어버린 한 노파의 끈질기고 순진한 고발에 울산의 전 경찰이 동원, 1주일 동안 수색 작전을 폈고 전 울산시민이 수색에 협조한 끝에 찾아내어 이 노파에게 들려주었던 살징이이기 때문이다. 그 살징이가 약을 잘못 먹고 14일 죽은 것이다.

광산구 북산동 440 천귀녀(千貴女·58) 할머니는 지난달 18일 3년 동안 정든 고양이를 잃고 경찰에 신고, 21일 만에 살징이군을 찾아냈으나 살징이군은 가출 중에 몸에 밴 방랑벽*으로 돌아다니다 쥐약에 죽은 쥐를 먹고 죽어 있었다.

천 할머니가 울산경찰서 수사과에 색다른 「고양이 도난 및 가출」 신고를 한 것은 지난 2일 「고양이 이름 살징이, 검정 반점에 흰 무늬, 3세·♂」 그러나 접수계 K 모 순경은 "정신 나간 할머니 아니냐"고 접수를 거부했다. 할머니는 "내 진정을 알아달라. 나에겐 고양이가 아니고 자식이라"고 떼를 썼다. 주저앉아 2시간 동안 접수를 요구했다.

고양이를 한 마리 사주겠다고 달래 보내려 했으나 다른 고양이가 아닌 정든 살징이만을 찾아달라고, 막무가내였다.

수사과장 이현찬(李鉉燦·50)경감이 지나가다 천 할머니의 사연을 듣고 직접 접수, "모든 힘을 다해서 찾아주겠다"고 약속했다. 이 사실을 보고받은 백수현(白秀鉉) 서장은 "조그마한 일이지만 경찰은 찾아주어야 할 의무가 있다"고 말하고 고양이 찾기 운동을 벌이도록 했다. 경찰 1백 명을 동원, 역전과 중앙 파출소에 수사본부를 두고 전시가지를 수색하고 마이크 방송으로 시민의 신고를 호소했다. 울산 시내 전 고양이를 신고토록 했으나 살징이는 나타나지 않았다. 뜻있는 학생들과 시민들은 자진해서 야옹야옹 하면서 골목을 누비기도 했다. 이 같이하여 살징이는 소문난 고양이가 돼 버렸다.

찾기 7일만인 지난9일「비슷한 고양이를 옥교동 옥교(玉橋)기름집에서 기르고 있다」는 전화신고가 들어왔다.

백 서장이 직접 기름집에서 찾아 천 할머니에게 갔다 보였다. 천 할머니는 "살징아, 살징아"하고 얼싸안으면서 울음이 복받쳤다. 백 서장의 손을 잡고 감사하다면서 몇 번이고 절을 했다. 천 할머니는 "순경이 고양이까지 찾아 주다니…"하며 기뻐했다. 기름집에서는 2주일 전 30대 남자에게서 2천 원을 주고 사서 기르고 있었다.

천 할머니는 경찰에 신고하기 전 15일 동안 점심을 굶어가며 살징이 찾기에 나섰었다.

며칠 동안 이웃집을 수소문하고 다시 이웃 마을을 누비고도 찾지 못하자 가축시장을 거쳐 학산 토정, 옥교동 등지까지 돌아다녔다. 그동안 천 할머니에겐 꿈속에서도 살징이, 밥 먹을 때도 살징이 생각 뿐이었다. 이웃 아낙네들도 보다 못해 살징이 찾기에 나섰으나 아무 소용이 없었다. 그래서 혼자 힘으로는 찾기 어렵다는 것을 깨닫고 15일 만에 경찰서를 찾아간 것이다. 천 할머니가 경찰서 문턱에 들어선 것은 일생 처음이었다.

집에 돌아온 살징이는 날뛰어 다니면서 좋아했으나 14일 오전 밖에서 돌아오더니 『야옹야옹』 고함을 치며 뛰어다니다 죽었다. 천 할머니가 만들어준 된장국물도 소용이 없었다.

살징이는 이웃집에서 약 먹고 죽은 쥐를 주워 먹고 죽은 것이다. 천 할머니는 싸늘한 살징이를 안고 "전에는 집만 지켰는데 방랑벽이 들어 죽었다"고 울었다.

살징이는 3년 전 천 할머니가 외로움을 달래기 위해 가축시장에서 가장 예쁜 것을 골라 3백 원 주고 사왔었다. 15년 전 남편과 사별한 천 할머니는 살징이와 함께 지내는 것이 유일한 낙이었다. 밥도 같이 먹고 잠 또한 이불속에서 잤다. 추운 겨울엔 살징이는 따뜻한 아랫목, 천 할머니는 윗목을 차지했다. 천 할머니가 외출에서 들어오면 손자보다 살징이를 불렀다.

천 할머니는 죽은 살징이를 집에서 바라보이는 앞산에 물었는데 "가축시장에 가서 살징이와 똑같게 생긴 고양이를 사다 기르겠다"고 말했다.

고양이 가출(家出)에 민경(民警)합동수색(搜索)
○ 1971年 7月 16日 조선일보

Illustration. 신현아

고양이 대봉이, 금봉이, 칠봉이, 수봉이와 제주에 살며, 공존하는 삶에 대해 이야기를 짓고 그림을 그립니다. 2010 볼로냐 올해의 일러스트레이터로 선정되었습니다. 지은책으로 아홉 번의 생을 마치고 자신의 별로 돌아가는 길고양이의 환송회를 담은 그림책 《아홉 번째 여행》, 동물 가족과의 만남과 이별과 재회를 그린 네 편의 환상 동화 《우주 식당에서 만나》, 전지적 고양이 시점으로 쓰고 그린 《대봉이의 일기》가 있습니다. 《새해 아기》를 비롯해 국내외 여러 책에 그림을 그렸습니다.

1973.9.20

「고양이재판(裁判)」서
원고(江原)승소

「고양이재판(裁判)」서 원고(江原)승소

광주지법 민사합의부(재판장 배만운 부장판사·배석 김상기 최장 판사)는 19일 오전 10시 지법 1호 법정에서 고양이 발톱에 할퀴어 한쪽 눈을 잃었던 홍진예(4)양의 어머니 이복순 씨(25)가 고양이 주인 민만호 씨(58·황금동 77)를 상대로 제기한 손해배상청구 소송 속칭 「고양이 재판」 선고 공판에서 피고인은 원고에게 9만 9천5백66원의 손해배상과 위자료를 지급하라고 원고승소 판결을 내렸다.

재판부는 판결문에서 『사건 당일인 지난해 8월 27일 오전 10시쯤 민 씨 집으로 수돗물을 길어간 어머니를 따라갔다 묶어둔 생후 8개월 된 고양이에게 왼눈을 할퀴어 홍 양이 실명된 점』을 들어 피고의 배상책임을 인정했다.

그러나 원고도 어린이가 고양이를 건드리면 위험하다는 것을 예측하면서도 자기 딸을 조심성 있게 다루지 않은 점을 인정, 원—피고가 서로 잘못했다(과실상계)고 지적, 83만 6천8백 원의 청구액 중 치료비 2만9천5백66원, 홍 양의 위자료로 5만원, 어머니의 위자료 2만원을 손해액으로 결정(민법759조1항을 적용), 피고에게 배상하도록 판시했다.

「고양이재판(裁判)」서 원고(江原)승소
○ 1973년 9월 20日 조선일보

1976.8.16

강아지를 救出(구출)하는
女心(여심)

산사태로 집과 재산을 잃었어도 구사일생으로 가족들은 모두 살아난 곽여인이 마지막 남는 한식구 강아지를 구출해 나오고 있다. **사진 출처. 1976年 8月 16日 동아일보**

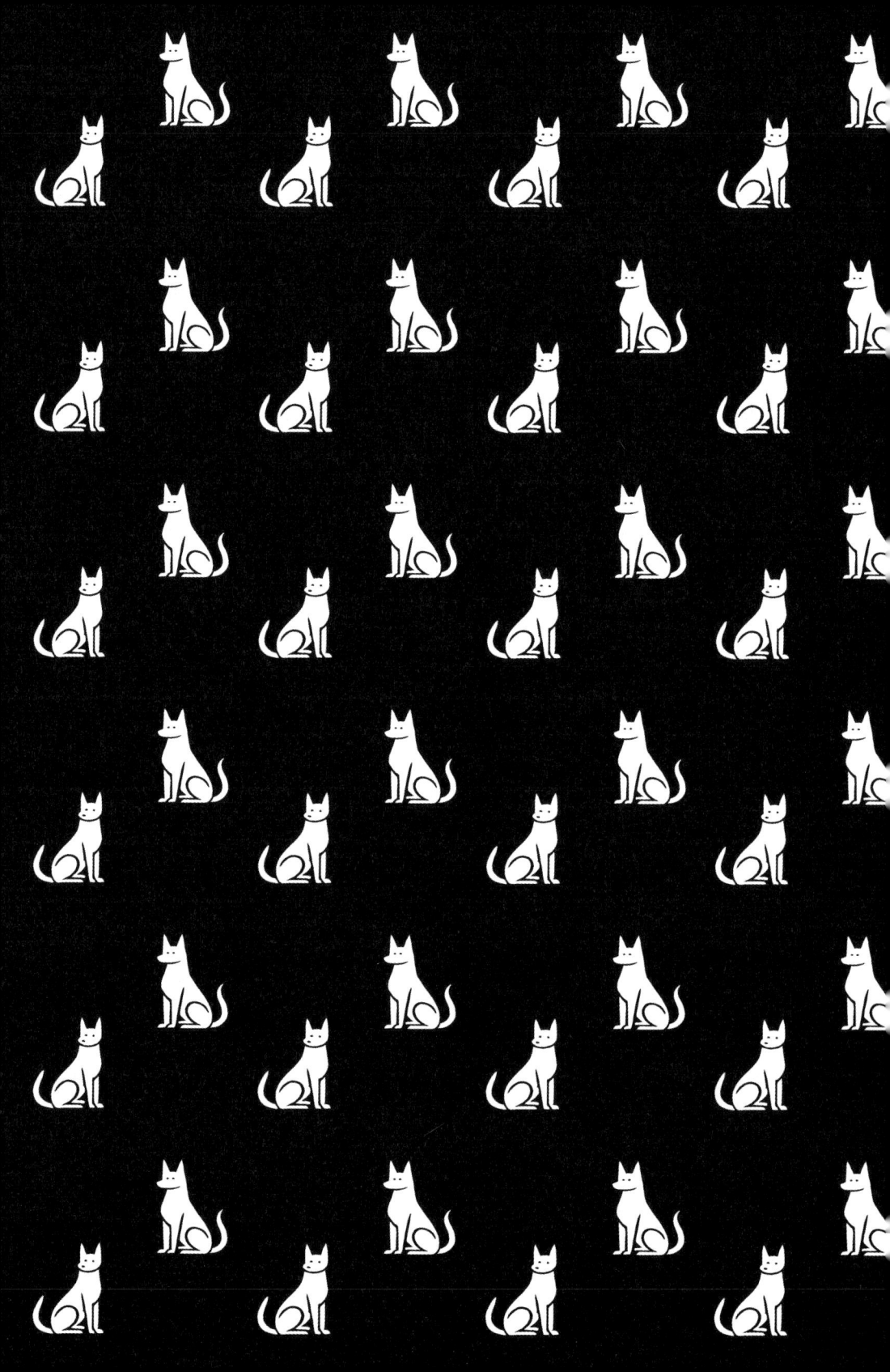

1976.8.29

바캉스에 버림받는
프랑스의 개-고양이

개와 고양이, 오래된 신문을 펼치다

해마다 35만(萬)마리 거리방황

체형(體刑) 규정 「동물헌장(動物憲章)」까지

"버리려면 기르지 말라" 계몽

여름철 바캉스가 본격적으로 시작되고 있는 프랑스에서는 올해에도 약 35만 마리의 개와 고양이가 버림을 받게 될 것으로 예상된다. 그러나 올해부터는 약간 상황이 달라질 것으로 기대하는 사람들도 있다. 연례행사처럼 여름 바캉스철이 되면 그동안 기르던 개나 고양이를 버리고 떠나는 사람들에게 경종을 울리기 위해서 프랑스 의회(議會)에서는 개나 고양이와 같은 매우 예민한 동물을 기르다가 버리는 것을 잔인한 행동으로 규정하여 15일 내지 6개월의 체형(體刑) 또는 5백에서 6천 프랑의 벌금형에 처하도록 하는 법안을 통과시켰기 때문이다. 동물보호를 주장하는 사람들은 최근 의회를 통과한 「동물헌장(憲章)」 예매 후 호의적이나, 이법으로 매년 버림받는 동물의 수는 줄일 수 있다고 믿지는 않는다.

그 이유는 도대체 길거리에 버려진 고양이나 개가 누구의 소유인지 밝혀내기가 거의 불가능하기 때문이다. 따라서 동물 애호회에 서는 지금도 일부 시행되고 있는 것 같이 문신(紋身)으로 번호를 새겨 의무적으로 등록을 하도록 해야 한다고 주장하고 있다.

그러나 또 다른 사람들은 문신(紋身)으로는 어떠한 변화도 기대할 수 없다고 말한다. 이유는 기왕에 문신으로 귀나 몸에 번호가 있더라도 동물들을 버리기 전에 불에 달군 쇠로 등록번호를 말소시키고 있기 때문이다. 매년 프랑스 사람들의 일부는 여름 바캉스를 떠나기 전날 기르던 개나 고양이를 포기하고 만다. 이런 사람들은 극히 일부에 불과하지만, 워낙 개와 고양이가 많은 나라이고 보니 매년 버려진 개와 고양이는 35만 마리 씩이나 되는 것이다.

동물보호(動物保護) 협회들에서는 온갖 방법을 다해서 버려진 동물들을 수용하고 있으나 힘이 못 미치는 지역이 많다. 작년도에도 SPA라는 동물 애호 협회에서 만도 8만 5천 마리의 개, 고양이를 모아 그 중에서 2만 마리는 다른 가정에다 맡겼지만, 대부분의 버림받은 동물들은 방황과 몰이해에 의한 고통으로 죽어간다.

확실히 프랑스의 중산층(中産層)은 자기가 기르던 개나 고양이를 데리고 바캉스를 떠나기가 어렵게 되어있다. 거의 모든 호텔과 해변이 개를 금지하고 있기 때문이다. 대부분의 도시에는 이런 경우의 사람들을 위해서 개나 고양이를 임시로 맡아서 길러주는 곳이 있기는 하지만 하루에 15프랑부터 30프랑(1프랑은 약 1백10원쯤) 씩 내야 되므로 한두 달을 맡기고 가려면 상당한 비용이 드는 것이다.

따라서 금년 여름에는 의회에서 통과된 「동물헌장(動物憲章)」 덕으로 작년보다는 버림받은 동물의 수가 약간은 줄어들 것으로 기대하고 있는 SPA 같은 데서도 현실적인 계몽활동을 펴기 시작한 것이다. 우선 동물애호회에서는 개 한 마리를 소유할 능력이 없는 사람들은 애초부터 개를 기를 생각을 하지 말라고 호소한다.

동물애호 협회에서 낸 광고에는 이런 글귀도 있다. 『물론 당신이 기르던 개는 당분간이라도 남의 집에 가있는 게 좋지 않다. 그들은 항상 당신과 같이 있고 싶어 한다. 그러므로 남에게 맡길 때는 당신의 낡은 스웨터를 하나같이 남겨라. 그러면 개들은 당신과 떨어져 있다는 것을 덜 느낀다. 울적한 날은 당신의 스웨터 속에서 당신을 생각하며 머리를 파묻을 것이다.』

바캉스에 버림받는 프랑스의 개—고양이
○ 1976年 8月 29日 조선일보

여름철 주인으로부터 버림받은 개가 방황하고 있다.
사진 출처. 파리=신용석(愼鏞碩) 특파원

1979.9.2

개-고양이 싸움에
「이웃 불화(不和)」

서울시 중구 회현동(會賢洞)
개 주인(主人), 물린 뒤 고양이 죽여

고양이와 개의 싸움이 사람싸움으로 번지고 자칫하면 법정으로까지 몰고 갈 기미를 보인다. 시비의 발단은 고양이와 개의 싸움을 말리던 개 주인이 고양이에게 물리자, 고양이주인에게 고양이를 죽여 달라고 요구했으나 고양이주인이 이를 거절하자 개 주인이 고양이를 죽임으로써 시작됐다.

시비의 당사자는 서울 중구 회현동 안화식(安和植) 씨(45·건축업·가명) 와 이웃 이경석(李京錫) 씨(58·가명).

안(安) 씨가 「나비」라는 이름을 가진 고양이 주인이고, 이(李) 씨가 「발바리」란 이름을 가진 개 주인. 이(李) 씨가 고양이에게 물린 것은 지난 18일 새벽 6시쯤. 이(李) 씨는 이날 자기 집 담장에 잇대어 쌓아놓은 안(安) 씨집 나무토막이 도둑이 들고 담을 넘어올 우려가 있으니 이를 치워달라고 말하기 위해 안(安) 씨 집 대문에 들어섰는데 이때 이(李) 씨집 「발바리」 개도 주인을 따라 들어섰다.

그 순간 보름 전 새끼 4마리를 낳아 마루 밑에서 새끼를 품고 있던 「나비」가 새끼를 해치려는 줄로 착각, 마루 밑에서 뛰쳐나와 개와 대치, 으르렁 대며 서로 싸우러 들었다.

개와 고양이는 원래 상극인 것을 알고 있는 이(李) 씨가 자기 집 개를 쫓으려는 순간 고양이가 이(李) 씨에게 달려들어 반바지 차림인 왼쪽 장딴지를 물리었다. 상처는 전치 2주 정도.

이(李) 씨는 공수병*이 얼핏 생각나 안(安) 씨에게 가축병원에 고양이를 끌고 가 공수병의 이상 유무를 가려줄 것과 치료해 달라고 요구했다. 안(安) 씨는 이(李) 씨의 요구대로 치료비를 대어주면서 새끼를 낳은 지 보름밖에 안 되는 고양이를 대한극장 옆 세종동물원으로 데리고 가 정밀검사를 의뢰했다.

10일 동안 임상실험 끝에 「공수병과는 아무런 관계가 없는 건강한 고양이」라는 판정을 받았다. 그래도 이(李) 씨는 불안해한 나머지 고양이를 계속 병원에 가둬두게 하고 고양이를 죽여 달라고 끈질기게 요구했다.

이유는 사람을 문 고양이를 그대로 두면 또다시 고양이가 보복한다는 예부터 내려온 관습에 따라 고양이를 처치해야 한다는게 이(李) 씨의 강력한 주장이다.

이렇게 옥신각신하기를 10여 일. 두 번째 사건이 터졌다.

사람들이 보는 앞에서 고양이가 안락사(安樂死)를 당한 것이다. 지난 31일 오후 3시쯤 이(李) 씨는 부인과 함께 안(安) 씨의 직장을 찾아와 "고양이를 죽여 없애야 후환이 없을 것 같다"며 고양이를 죽이자는 것이었다.

안(安) 씨는 이(李) 씨 부부를 다방으로 데리고 가 "죽이는 일만은 못 하겠다"고 애원했다는 것. 안(安) 씨는 「나비」를 죽이는 대신 집에서 기르지 않고 친척이 사는 먼 곳으로 보내겠다고까지 했으나 통하지 않게 되자 그동안 이 문제로 지치고 속이 상한 안(安) 씨는 "마음대로 하라"며 다방을 나와버렸다.

* 공수병
광견병이라고도 하며 사람이나 다른 동물에게 전염시킬 수 있는 치명적인 바이러스성 질병입니다. 주로 감염된 동물의 타액을 통해 물리거나 상처를 통해 전파됩니다.

직장으로 되돌아온 안(安) 씨는 직원을 가축병원으로 보내 「나비」를 찾아오라고 했다. 이사이 병원에 먼저 온 이(李) 씨 부부가 "고양이주인과 죽이기로 합의를 봤다"며 안락사시켜 줄 것을 수의사에게 요구했다.

수의사는 서로 합의가 된 것으로 믿고 고양이에게 죽음의 주사를 놓았으며, 고양이가 축 늘어지자, 이(李) 씨가 다시 쇠줄로 나비의 목을 매 세차게 잡아당겼다.

이(李) 씨보다 한발 늦게 도착한 인부가 이 광경을 보고 안(安) 씨에게 연락, 안(安) 씨가 병원에 도착했을 때는 이미 고양이는 사체가 돼 있었다. 안(安) 씨는 이(李) 씨의 행위가 미워서가 아니라 인간의 잔인성과 아직도 미신 풍조가 남아있는 것에 격분, 이(李) 씨를 고발하려 했지만, 이(李) 씨가 고양이에게 물린 뒤 노이로제 증상이 있는 것 같아 고발을 미루고 있다면서 아이들에게 고양이가 죽은 것을 어떻게 설명해야 좋을지 모르겠다고 탄식했다.

개—고양이 싸움에 「이웃 불화(不和)」
○ 1979年 9月 2日 조선일보

어미를 잃은 새끼고양이에게 가족들이 맛있는 먹이를 만들어 주었으나 울기만할뿐 먹지를 않고 있다. **사진 출처. 조선일보**

1979.9.7

사람을 할퀴었다고
고양이 죽여야하나

최찬성(서울 영등포구 신대방동 492) 기고

9월 2일 자 조선일보(朝鮮日報) 7면의 일요 화제를 읽고 난 후 꼭 하고 싶은 말이 있다. 나는 동물은 기르지 않지만 아끼고 사랑하는 마음은 누구나가 마찬가지로 가지고 있다.

그런데, 고양이가 사람에게 보복한다는 관습에 따라 사람을 할퀸 고양이를 죽여야 한다느니, 후환이 두렵다느니 운운하는 것은 현대인으로서는 생각조차 할 수 없는 상식 밖의 졸장부의 짓이다.

물론 고양이에게 할퀸 상처의 아픔은 있을 것이다.

그러나, 현대의학으로 고양이의 건강이 증명됐고 상대방이 충분한 치료와 사과를 했다. 일은 거기서 끝났어야 하는 것이다. 피해자는 너무 가혹하고 잔인했다. 출산 직후의 동물을 끌고 다니게 했으며 동물을 죽이기까지 했다. 또 하나의 큰 잘못은 수의사에게 있다.

그는 애완동물을 다루는 전문가로서 지켜야 할 최소한도의 기본적인 절차와 양식을 무시한 것이다. 엄연히 동물의 주인이 있음에도 불구하고 피해자 쪽의 말만 듣고 죽음의 주사를 놓았고 피해자가 고양이의 목을 쇠줄로 묶게 방치했다.

참으로 통탄할 일이다.

사람을 할퀴었다고 고양이 죽여야 하나
○ 1979年 9月 7日 조선일보

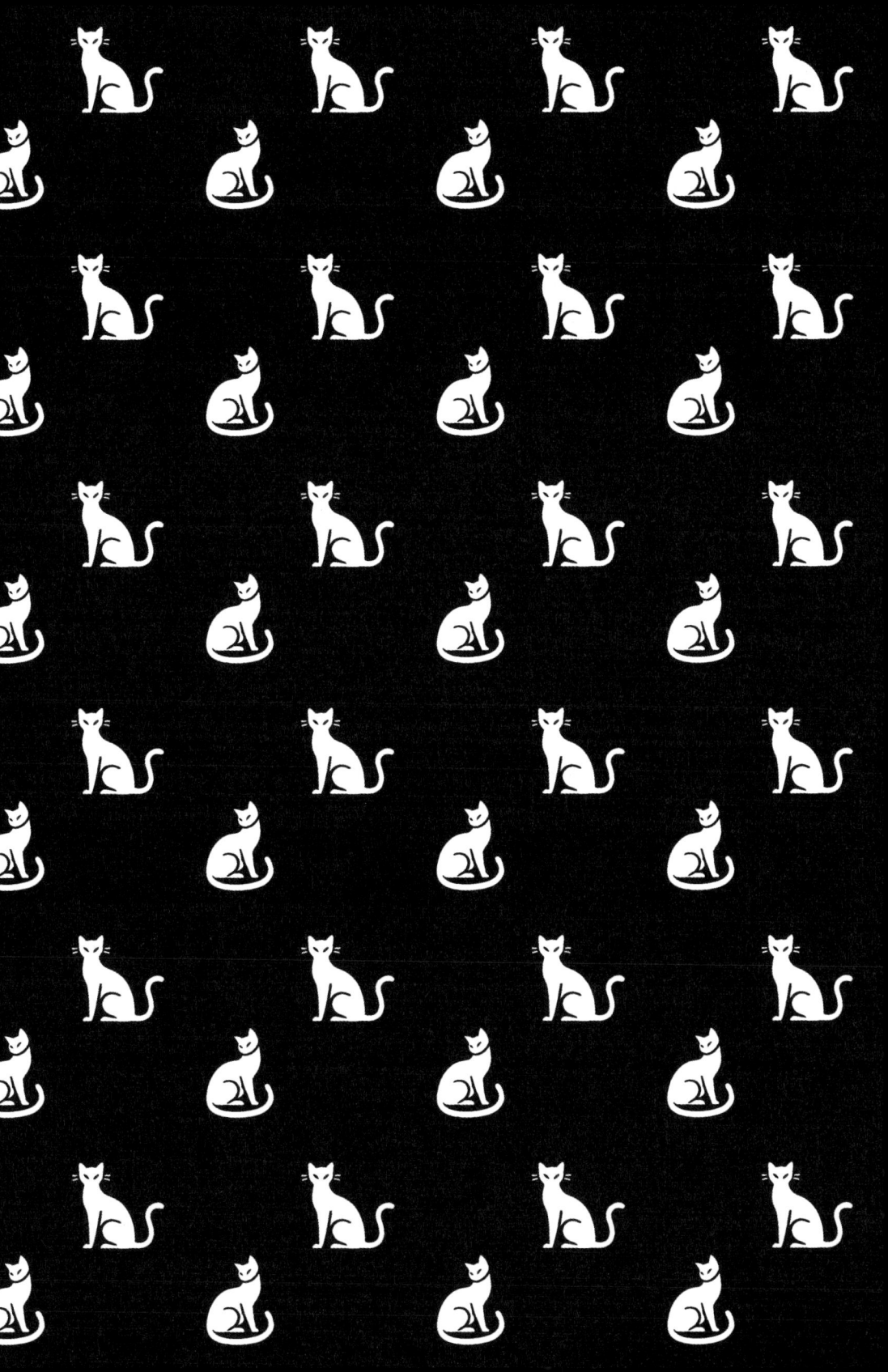

1980년대

1980년대 대한민국에서 개는 반려동물로서의 개념이 본격적으로 자리 잡기 시작했으며, 애완견을 키우는 가정이 증가했습니다. 하지만 여전히 개는 경비견, 사냥개, 식용견으로도 활용되었고, 개고기 소비를 둘러싼 논란이 서서히 등장했습니다. 정부는 광견병 예방 접종과 떠돌이 개 단속을 강화하며 동물 위생 관리를 본격화했습니다. 고양이는 여전히 쥐잡이 동물로 여겨졌고, 길고양이에 대한 부정적 인식이 강했습니다. 그러나 도시화가 진행되면서 고양이를 실내에서 키우는 사례가 늘었고, 애완묘 개념이 일부 확산되었습니다. 1988년 서울 올림픽을 앞두고 개고기 논란이 국제적으로 부각되면서, 개를 반려동물로 보호해야 한다는 인식이 점차 확산되었습니다. 서구 문화의 영향으로 애완동물 관련 용품과 사료 시장이 성장하기 시작했습니다.

1981.3.24

화창한 봄 …
강아지의 「슬픈나들이」

화창한 봄볕을 같이 즐기자고 귀여운 강아지들을 데리고 나온 것이 아니다. 한 푼이라도 벌려고 강아지들을 함지박에 담아 시장 한구석에 내어놓은 촌부의 표정에 안쓰러움이 서렸다. 어디로 팔려가든지 마음 착한 주인을 만나 주인댁 도련님의 사랑을 담뿍 받았으면 좋겠다. (경북 영일군 기계읍 장날) **사진 출처. 1981년 3월 24일 경향신문**

1984.1.24

강아지가 어린주인(主人) 살렸다

얼음판 익사(溺死)직전 짖어대 "구조(救助)요청"

스쿠버 다이버들이 달려가 건져

토평리 한강(漢江)서 「똘똘이」 수훈(殊勳)

친구 2명이 함께 놀다 빠져 어린이 1명은 사망(死亡)

주인집 어린이 등 두 어린이와 한강에 놀러 나온 강아지가 얼음이 꺼지면서 함께 장난치던 두 어린이가 순식간에 물속에 잠기자, 주위를 맴돌며 『멍멍』 짖어대며 구원을 요청하여 익사 직전의 한 어린이를 구출할 수 있었다.

23일 정오쯤 경기도 남양주시 구리읍 토평리 토막마을 앞 한강에 놀러나왔던 임재모(任宰模)(10·구리 국교 3년 2반·양주군 구리 읍 교문 4리 193의 33) 군과 문(文)진국(10·구리읍교문4리193의99)군 등 두어린이는 얼음판 위를 지치며 강남 쪽 서울 강동구 암사동 쪽으로 건너가다가 강 한복판에서 얼음이 꺼지면서 물에 빠졌다.

사고가 난 곳은 강북 쪽에서 5백m, 강남에서 3백m쯤 떨어진 곳. 빠진 두 어린이가 물 위로 솟았다 잠겼다 하면서 허우적거리자 함께 놀러 나왔던 생후 6개월짜리 임(任) 군네 강아지 「똘똘이」가 꺼진 얼음 주변을 뱅뱅 맴돌면서 크게 짖어대기 시작했다.

때마침 스쿠버 다이빙을 하는 삼촌을 따라 한강 변에 나왔던 한(韓)민호군(11·서울 강동 국교 5년)이 강남 쪽의 서울강동경찰서 여름파출소 막사에서 쉼 없이 짖어대는 「똘똘이」의 모습을 발견했다.

3백m쯤 떨어진 거리였지만, 자맥질*하는 어린이의 손이 조그맣게 보였다.

한(韓)군은 이 여름 파출소 막사에 기거하면서 물고기를 잡아 생계를 꾸려가고 있는 삼촌 한기홍(韓基弘) 씨(41)의 팔을 잡아당기면서 "사람이 빠진 것 같다"고 소리쳤다.

한(韓) 씨는 해마다 여름이면 이곳에서 자원 수상 안전요원으로 일해온 잠수 베테랑. 더욱이 이날은 한(韓) 씨의 친구인 스쿠버 다이버 4명도 함께 모여 모처럼의 겨울 다이빙을 즐기려고 잠수 준비를 하고 있던 참이었다.

한(韓) 씨의 친구 중에 가장 젊은 한창국(韓昌國)(30·서울강동구 암사동) 씨가 맨 먼저 잠수복을 갈아입고 사고지점으로 달려갔고 그 뒤를 김정식(金正植)(35·경기도 남양주시 와부읍 덕소1리 산24의 5) 씨가 따랐다.

한(韓) 씨가 깨진 얼음으로 들어가 허우적거리는 임(任)군을 건져내 김(金) 씨와 함께 임(任)군을 여름초소로 옮겼다.

* 자맥질
물속에서 팔다리를 놀리며 떴다 잠겼다 하는 짓.

Illustration. 이유진

어릴 적부터 그림을 좋아했습니다. 그러다 우연히 요가를 접하면서 몸과 마음을 표현하는 다른 방법에 매력을 느껴 일상이 되었습니다. 갈색 푸들 강아지 순대와의 순간들을 그림으로 기록하다가 그림 작업을 시작하게 되었습니다. 참여한 작품으로는 동화책 《아, 그거 맛있지》가 있습니다.

이들은 임(任)군 외에 문(文)군도 함께 빠진 줄은 몰랐다. 임(任)군은 의식을 잃고 있었고 추위로 온몸이 싸늘하게 굳어 있었다. 임(任)군은 10여 분간의 인공호흡 끝에 소생했으나 의식을 차리기까지는 1시간이 넘도록 마사지를 받아야 했다.

그러나 의식을 차린 임(任)군의 첫마디는 "내 친구 진국이는 어떻게 됐어요"라는 물음이었다.

문(文)군도 함께 빠졌다는 말을 들은 다이버들은 다시 문(文)군을 구출하러 달려갔다. 잠수복을 입은 김(金) 씨가 길이 50m의 나일론끈 한끝을 허리에 묶고 물속으로 들어갔고 끈의 다른 쪽 끝은 한기홍(韓基弘) 씨가 멀씩이 떨어진 얼음판 위에서 붙잡고 있었다.

김(金) 씨는 수심 6m 정도 되는 강바닥에 가라앉은 문(文)군을 건져 올렸다. 문(文)군도 역시 여름초소로 옮겨 인공호흡과 마사지를 했으나, 이미 숨진 뒤였다.

겨울방학 동안 임(任)군과 줄곧 함께 지내고 있는 강아지「똘똘이」은 임(任)군의 아버지 태열(泰烈) 씨(39)가 작년 추석 무렵, 인천시 부평에 사는 친척 집에서 얻어온 잡종견으로 수놈이다.

작년 7월 초 아버지 임(任) 씨가 토평리에 있는 진성 레미콘회사에 트럭 운전사로 취직되면서, 부평에서 이곳으로 이사 온 뒤로 임(任)군은 늘 낯선 동네를 나다닐 때마다「똘똘이」를 데리고 다녔고, 이름도 그가 지어준 것이다.

숨진 문(文)군의 아버지 영환(榮煥) 씨(34)와 임(任)군의 아버지는 같은 회사에서 트럭 운전사로 일하고 있고 임(任)군과 문(文)군은 같은 반 친구로 아주 가까운 사이였다.

임(任)군을 구출해 냈으나 문(文)군의 사고 소식을 몰라 미처 손을 쓰지 못했다는 한(韓) 씨 등은 "문(文)군까지 살려내지 못해 미안한 마음뿐" 이라며 침통해 했고, 「똘똘이」는 주인집 어린이가 무사한 것이 천만다행이라는 듯 재모(宰模)군의 주위를 맴돌며 꼬리를 흔들어 댔다.

강아지가 어린주인(主人) 살렸다
○ 1984年 1月 24日 조선일보

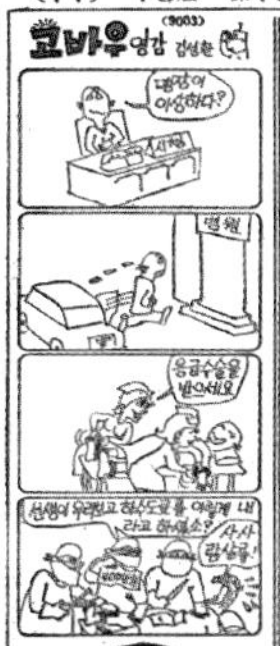

강아지가 어린主人 살렸다

얼음판 溺死직전 짖어대 "救助요청"

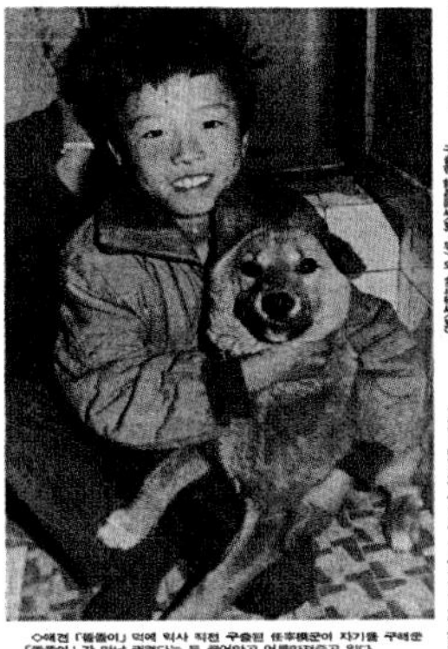

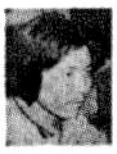

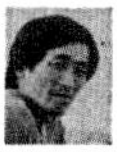

친구 2명이 함께놀다 빠져
어린이 1명은 死亡

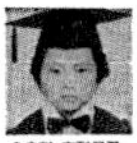

敗訴한 「都市공장 등록세 重課」 강행
内務部는 大法院위에 있나

스쿠버 다이버들이 달려가 건져

陳忠里, 철회 지시
區廳長 전세 官舍

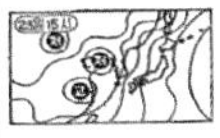

"잘못된 判決이다"
"법질서 교란…法廷 모독이다"
내무제 입장 고수
법조계

6살 산골어린이, 정든 野生노루와 '슬픈 이별'

호텔서 女人 피살

아파트 사고 팔거나 貰 놓을때

관리소서 소개할수도

氣象위성 고장

서주밀 콩우유

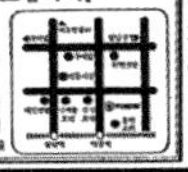

서주우유에서 생산되는 서주밀

대리점을 모집합니다. (전국일원)

서주산업(주)

1987.12.22

南大門(남대문)시장의
이색인생 「강아지 할아버지」

털모자에 부착한 원수계급장과 꽃수레 등 기발한 아이디어로 짭짤하게 재미를 보고있다. **사진 출처.** 1987년 12月 22日 **경향신문**

* 본문에 사용된 기사의 내용은 각 언론사를 통해 정식 구매한 자료입니다.
* 본 도서에 수록된 신문 자료는 원저작권자의 저작권 보호를 받으며,
  이용을 원하시면 원저작권자의 동의를 얻어야 합니다.

Source

개와 고양이, 오래된 신문을 펼치다

p14. 강아지 기르는법 재조는 四五(사오)개월부터 가르처 ○ 1931년 11月 1日 동아일보 4면
p20. 개와 고양이의 풍경 ○ 1956년 5月 29日 조선일보 1면
p24. 개와 고양이 ○ 1957년 12月 7日 경향신문 1면
p30. 고양이길러 쥐잡기運動(운동)을 ○ 1966년 2月 9日 경향신문 3면
p32. 개 엄마와 돼지아기 사랑의 「동물가족(動物家族)」○ 1966년 11月 13日 조선일보 7면
p38. 강아지 ○ 1968년 3月 9日 동아일보 5면
p42. 개와 고양이 ○ 1968년 9月 26日 조선일보 5면
p46. 多情(다정)한 앙숙 고양이새끼를 기른 개의 母情(모정) ○ 1968년 11月 2日 동아일보 7면
p54. 사고트럭에 깔린 두사람곁에 강아지한마리 ○ 1971년 12月 14日 동아일보 6면
p58. 고양이 가출(家出)에 민경(民警)합동수색(搜索) ○ 1971년 7月 16日 조선일보 7면
p64. 「고양이재판(裁判)」서 원고(江原)승소 ○ 1973년 9月 20日 조선일보 7면
p68. 강아지를 救出(구출)하는 女心(여심) ○ 1976년 8月 16日 동아일보 6면
p72. 바캉스에 버림받는 프랑스의 개―고양이 ○ 1976년 8月 29日 조선일보 4면
p78. 개―고양이 싸움에「이웃 불화(不和)」○ 1979년 9月 2日 조선일보 7면
p84. 사람을 할퀴었다고 고양이 죽여야하나 ○ 1979년 9月 7日 조선일보 6면
p90. 화창한 봄 .... 강아지의「슬픈나들이」○ 1981년 3月 24日 경향신문 10면
p92. 강아지가 어린주인(主人) 살렸다 ○ 1984년 1月 24日 조선일보 11면
p98. 南大門(남대문)시장의 이색인생「강아지 할아버지」○ 1987년 12月 22日 경향신문 13면

101

개와 고양이,
오래된 신문을 펼치다

초판 1쇄 발행. 2025년 4월 8일

엮은이. 심선화
펴낸곳. 푸르르프레스
출판등록. 제 2024-000048호
주소. (11743) 경기도 의정부시 장금로 13
전자우편. topurrpress@gmail.com
인스타그램. @purrpress

ISBN. 979-11-990430-1-5(03070)

ⓒ 푸르르프레스 2025

값. 22,000원

* 잘못된 책은 구입처에서 교환해 드립니다.
* 이 책은 저작권법에 의해 보호를 받는 저작물이므로 무단 전재와 복제를
금하며 책 내용의 전부 또는 일부를 사용하려면 저작권자의 동의를 얻어야 합니다.